tions des « *TEMPS NOUVEAUX* » — N° 7

Elisée RECLUS

L'ANARCHIE

Première édition : 10.000 exemplaires.

PRIX : 10 CENTIMES

PARIS
Au Bureau des « TEMPS NOUVEAUX »
140, RUE MOUFFETARD, 140

1896

L'ANARCHIE

Publications des « TEMPS NOUVEAUX » — N° 2

Elisée RECLUS

L'ANARCHIE

PRIX : 10 CENTIMES

PARIS
Au Bureau des « TEMPS NOUVEAUX »
140, RUE MOUFFETARD, 140

1896

NOTICE PRÉLIMINAIRE

Les paroles qui suivent furent prononcées en 1894 dans la loge maçonnique des *Amis Philanthropes* de Bruxelles, quoique depuis trente-six années l'orateur, simple « apprenti », n'eût jamais, par principe, collaboré en quoi que ce soit à l'œuvre de la société fermée des Francs-Maçons. D'autant plus doit-il remercier les « Frères » qui, ce jour-là, invitèrent le « Profane » à venir exposer ses idées.

Ce discours a été reproduit dans les livraisons 3, 4 et 5 de la première année des *Temps Nouveaux* (mai et juin 1895).

L'ANARCHIE

L'anarchie n'est point une théorie nouvelle. Le mot lui-même, pris dans l'acception d' « absence de gouvernement », de « société sans chefs », est d'origine ancienne et fut employé bien avant Proudhon.

D'ailleurs qu'importent les mots? Il y eut des « acrates » avant les anarchistes, et les acrates n'avaient pas encore imaginé leur nom de formation savante que d'innombrables générations s'étaient succédé. De tous temps, il y eut des hommes libres, des contempteurs de la loi, des gens vivant sans maîtres, de par le droit primordial de leur existence et de leur pensée. Même aux premiers âges nous retrouvons partout des tribus composées d'hommes se gérant à leur guise, sans lois imposées, n'ayant d'autre règle de conduite que leur « vouloir et franc arbitre », pour parler avec Rabelais, et poussés même par leur désir de fonder la « foi profonde » comme les « chevaliers tant preux » et les « dames tant mignonnes » qui s'étaient réunis dans l'abbaye de Thélème.

Mais si l'anarchie est aussi ancienne que l'humanité, du moins ceux qui la représentent apportent-ils quelque chose de nouveau dans le monde. Ils ont la conscience précise du but poursuivi et, d'une extrémité de la terre à l'autre, s'accordent dans leur idéal pour repousser toute forme de gouvernement. Le rêve de liberté mondiale a cessé d'être une pure utopie philosophique et littéraire, comme il l'était pour les fondateurs de cités du Soleil ou de Jérusalem nouvelles; il est devenu le but pratique, activement recherché, pour des multitudes d'hommes unis, qui collaborent résolument à la naissance d'une société dans laquelle il n'y aura plus de maîtres, plus de conservateurs officiels de la morale publique, plus de geôliers ni de bourreaux, plus de riches ni de pauvres, mais des frères ayant tous leur part quotidienne de pain, des égaux en droit, et se maintenant en paix et en cordiale union, non par l'obéissance à des lois, qu'accompagnent toujours des menaces redoutables, mais par le respect mutuel des intérêts et l'observation scientifique des lois naturelles.

Sans doute, cet idéal semble chimérique à plusieurs d'entre vous, mais je suis sûr aussi qu'il paraît désirable à la plupart et que vous apercevez au loin l'image éthérée d'une société pacifique où les hommes, désormais réconciliés, laisseront rouiller leurs épées, refondront leurs canons et désarmeront leurs vaisseaux. D'ailleurs, n'êtes-vous pas de ceux qui depuis longtemps, depuis des milliers d'années, dites-vous, travaillent à construire le temple de l'Égalité? Vous êtes « maçons », à seule fin de « maçonner » un édifice de proportions parfaites où n'entrent que des hommes libres, égaux et frères, travaillant sans cesse à leur perfectionnement et renaissant par la force de l'amour à une vie nouvelle de justice et de bonté. C'est bien cela, n'est-ce pas, et vous n'êtes pas seuls! Vous ne prétendez point au monopole d'un esprit de progrès et de renouvellement. Vous ne commettez pas même l'injustice d'oublier vos adversaires spéciaux, ceux qui vous maudissent et vous excommunient, les catholiques ardents qui vouent à l'enfer les ennemis de la Sainte Eglise, mais qui n'en prophétisent pas moins la venue d'un âge de paix définitive. François d'Assise, Catherine de Sienne, Thérèse d'Avila et tant d'autres encore parmi les fidèles d'une foi qui n'est point la vôtre, aimèrent certainement l'humanité de l'amour le plus sincère et nous devons les compter au nombre de ceux qui vivaient pour un idéal de bonheur universel. Et maintenant les millions et les millions de socialistes, à quelque école qu'ils appartiennent, luttent aussi pour un avenir où la puissance du capital sera brisée et où les hommes pourront enfin se dire « égaux » sans ironie!

Le but des anarchistes leur est donc commun avec beaucoup d'hommes généreux, appartenant aux religions, aux sectes, aux partis les plus divers, mais ils se distinguent nettement par les moyens, ainsi que leur nom l'indique de la manière la moins douteuse. La conquête du pouvoir fut presque toujours la grande préoccupation des révolutionnaires, même des mieux intentionnés. L'éducation reçue ne leur permettait pas de s'imaginer une société libre fonctionnant sans un gouvernement régulier; et, dès qu'ils avaient renversé des maîtres haïs, ils s'empressaient de les remplacer par d'autres maîtres, destinés, suivant la formule consacrée, à « faire le bonheur de leurs peuples ». D'ordinaire, on ne se permettait même pas de préparer un changement de prince ou de dynastie sans avoir fait hommage de son obéissance à quelque souverain futur : « Le roi est tué! Vive le roi! » s'écriaient les sujets, toujours fidèles même dans leur révolte. Pendant des siècles et des siècles, tel fut immanquablement le cours de l'histoire. « Comment pourrait-on vivre sans maîtres? » disaient les esclaves, les épouses, les enfants, les travailleurs des villes et des campagnes, et, de propos délibéré, ils se plaçaient la tête sous le joug comme le bœuf qui traîne la charrue. On se rappelle les insurgés de 1830 réclamant la « meilleure des Républiques » dans la personne d'un nouveau roi, et les républicains de 1848 se retirant discrètement dans leurs taudis après avoir mis « trois mois de misère au service du gouvernement provisoire ». A la même époque, une révolution éclatait en Allemagne et un parlement populaire se réunissait à Francfort : « L'ancienne autorité est un cadavre! » clamait un des représentants. « Oui, répliquait le président, mais nous allons le ressusciter. Nous appellerons des hommes nouveaux qui sauront reconquérir pour le pouvoir la confiance de la nation. » N'est-ce pas ici le cas de répéter le vers de Victor Hugo :

Un vieil instinct humain mène à la turpitude?

Contre cet instinct, l'anarchie représente vraiment un esprit nouveau. On ne peut point reprocher aux libertaires qu'ils cherchent à se débarrasser d'un gouvernement pour se substituer à lui : « Ote-toi de là que je m'y mette! » est une parole qu'ils auraient horreur de prononcer, et d'avance ils vouent à la honte et au mépris, ou du moins à la pitié, celui d'entre eux qui, piqué de la tarentule du pouvoir, se laisserait aller à briguer quelque place sous prétexte de faire, lui aussi, le « bonheur de ses concitoyens ». Les anarchistes professent, en s'appuyant sur l'observation, que l'Etat et tout ce qui s'y rattache n'est pas une pure entité ou bien quelque formule philosophique, mais un ensemble d'individus placés dans un milieu spécial et en subissant l'influence. Ceux-ci, élevés en dignité, en pouvoir, en traitement au-dessus de leurs concitoyens, sont par cela même forcés, pour ainsi dire, de se croire supérieurs aux gens du commun, et cependant les tentations de toute sorte qui les assiègent les font choir presque fatalement au-dessous du niveau général.

C'est là ce que nous répétons sans cesse à nos frères, — parfois des frères ennemis, — les socialistes d'Etat : « Prenez garde à vos chefs et mandataires! Comme vous certainement ils sont animés des plus pures intentions; ils veulent ardemment la suppression de la propriété privée et de l'Etat tyrannique; mais les relations, les occasions nouvelles les modifient peu à peu; leur morale change avec leurs intérêts, et, se croyant toujours fidèles à la cause de leurs mandants, ils lui deviennent forcément infidèles. Eux aussi, détenteurs du pouvoir, devront se servir des instruments du pouvoir : armée, moralistes, magistrats, policiers et mouchards. » Depuis plus de trois mille ans, le poète hindou du *Mahâ Bhârata* a formulé sur ce sujet l'expérience des siècles : « L'homme qui roule dans un char ne sera jamais l'ami de l'homme qui marche à pied! »

* * *

Ainsi les anarchistes ont à cet égard les principes les plus arrêtés : d'après eux, la conquête du pouvoir ne peut servir qu'à en prolonger la durée avec celle de l'esclavage correspondant. Ce n'est donc pas sans raison que le nom d' « anarchistes » qui, après tout, n'a qu'une signification négative, reste celui par lequel nous sommes universellement désignés. On pourrait nous dire « libertaires », ainsi que plusieurs d'entre nous se qualifient volontiers, ou bien « harmonistes » à cause de l'accord libre des vouloirs qui, d'après nous, constituera la société future; mais ces appellations ne nous différencient pas assez des autres socialistes. C'est bien la lutte contre tout pouvoir officiel qui nous distingue essentiellement: chaque individualité nous paraît être le centre de l'univers, et chacune a les mêmes droits à son développement intégral, sans intervention d'un pouvoir qui la dirige, la morigène ou la châtie.

*
* *

Vous connaissez notre idéal. Maintenant, la première question qui se pose est celle-ci : « Cet idéal est-il vraiment noble et mérite-t-il le sacrifice des hommes dévoués, les risques terribles que toutes les révolutions entraînent après elles? La morale anarchiste est-elle pure, et dans la société libertaire, si elle se constitue, l'homme sera-t-il meilleur que dans une société reposant sur la crainte du pouvoir ou des lois? » Je réponds en toute assurance et j'espère que bientôt vous répondrez avec moi : « Oui, la morale anarchiste est celle qui correspond le mieux à la conception moderne de la justice et de la bonté. »

Le fondement de l'ancienne morale, vous le savez, n'était autre que l'effroi, le « tremblement », comme dit la Bible et comme maints préceptes vous l'ont appris dans votre jeune temps. « La crainte de Dieu est le commencement de la sagesse », tel fut naguère le point de départ de toute éducation : la société dans son ensemble reposait sur la terreur. Les hommes n'étaient pas des citoyens, mais des sujets ou des ouailles; les épouses étaient des servantes, les enfants des esclaves, sur lesquels les parents avaient un reste de l'ancien droit de vie et de mort. Partout, dans toutes les relations sociales, se montraient les rapports de supériorité et de subordination; enfin, de nos jours encore, le principe même de l'Etat et de tous les Etats partiels qui le constituent, est la hiérarchie, ou l'archie « sainte », l'autorité « sacrée », — c'est le vrai sens du mot. — Et cette domination sacro-sainte comporte toute une succession de classes superposées dont les plus hautes ont toutes le droit de commander, et les inférieures toutes le devoir d'obéir. La morale officielle consiste à s'incliner devant le supérieur, à se redresser fièrement devant le subordonné. Chaque homme doit avoir deux visages, comme Janus, deux sourires, l'un flatteur, empressé, parfois servile, l'autre superbe et d'une noble condescendance. Le principe d'autorité — c'est ainsi que cette chose-là se nomme — exige que le supérieur n'ait jamais l'air d'avoir tort, et que, dans tout échange de paroles, il ait le dernier mot. Mais surtout il faut que ses ordres soient observés. Cela simplifie tout : plus besoin de raisonnements, d'explications, d'hésitations, de débats, de scrupules. Les affaires marchent alors toutes seules, mal ou bien. Et, quand un maître n'est pas là pour commander, n'a-t-on pas des formules toutes faites, des ordres, décrets ou lois, édictés aussi par des maîtres absolus ou par des législateurs à plusieurs degrés? Ces formules remplacent les ordres immédiats et on les observe sans avoir à chercher si elles sont conformes à la voix intérieure de la conscience.

Entre égaux, l'œuvre est plus difficile, mais elle est plus haute : il faut chercher âprement la vérité, trouver le devoir personnel, apprendre à se connaître soi-même, faire continuellement sa propre éducation, se conduire en respectant les droits et les intérêts des camarades. Alors seulement on devient un être réellement moral, on naît au sentiment de sa responsabilité. La morale n'est pas un ordre auquel on se soumet, une parole que l'on répète, une chose purement extérieure à l'individu ; elle devient une partie de l'être, un produit même de la vie. C'est ainsi que nous comprenons la morale, nous, anarchistes. N'avons-nous pas le droit de la comparer avec satisfaction à celle que nous ont léguée les ancêtres?

Peut-être me donnerez-vous raison? Mais encore ici plusieurs d'entre vous prononceront le mot de «chimère». Heureux déjà que vous y voyiez du moins une noble chimère, je vais plus loin, et j'affirme que notre idéal, notre conception de la morale est tout à fait dans la logique de l'histoire, amenée naturellement par l'évolution de l'humanité.

Poursuivis jadis par la terreur de l'inconnu aussi bien que par le sentiment de leur impuissance dans la recherche des causes, les hommes avaient créé par l'intensité de leur désir une ou plusieurs divinités secourables qui représentaient à la fois leur idéal informe et le point d'appui de tout ce monde mystérieux visible, et invisible, des choses environnantes. Ces fantômes de l'imagination, revêtus de la toute-puissance, devinrent aussi aux yeux des hommes le principe de toute justice et de toute autorité : maîtres du ciel, ils eurent naturellement leurs interprètes sur la terre, magiciens, conseillers, chefs de guerre, devant lesquels on apprit à se prosterner comme devant les représentants d'en haut. C'était logique; mais l'homme dure plus que ses œuvres, et ces dieux qu'il créa n'ont cessé de changer comme des ombres projetées sur l'infini. Visibles d'abord, animés de passions humaines, violents et redoutables, ils reculèrent peu à peu dans un immense lointain; ils finirent par devenir des abstractions, des idées sublimes, auxquelles on ne donnait même plus de nom, puis ils arrivèrent à se confondre avec les lois naturelles du monde; ils rentrèrent dans cet univers qu'ils étaient censés avoir fait jaillir du néant, et maintenant l'homme se retrouve seul sur la terre, au-dessus de laquelle il avait dressé l'image colossale de Dieu.

Toute la conception des choses change donc en même temps. Si Dieu s'évanouit, ceux qui tiraient de lui leurs titres à l'obéissance voient aussi se ternir leur éclat emprunté : eux aussi doivent rentrer graduellement dans les rangs, s'accommoder de leur mieux à l'état des choses. On ne trouverait plus aujourd'hui de Tamerlan qui commandât à ses quarante courtisans de se jeter du haut d'une tour, sûr que, dans un clin d'œil, il verrait des créneaux les quarante cadavres sanglants et brisés. La liberté de penser a fait de tous les hommes des anarchistes sans le savoir. Qui ne se réserve maintenant un petit coin de cerveau pour réfléchir? Or c'est là précisément le crime des crimes, le péché par excellence, symbolisé par le fruit de l'arbre qui révéla aux hommes la connaissance du bien et du mal. De là la haine de la science que professa toujours l'Eglise. De là cette fureur que Napoléon, un Tamerlan moderne, eut toujours pour les « idéologues ».

Mais les idéologues sont venus. Ils ont soufflé sur les illusions d'autrefois comme sur une buée, recommençant à nouveau tout le travail scientifique par l'observation et l'expérience. Un d'eux même, nihiliste avant nos âges, anarchiste s'il en fut, du moins en paroles, débuta par faire « table rase » de tout ce qu'il avait appris. Il n'est maintenant guère de savant, guère de littérateur, qui ne professe d'être lui-même son propre maître et modèle, le penseur original de sa pensée, le moraliste de sa morale. « Si tu veux surgir, surgis de toi-même! » disait Gœthe. Et les artistes ne cherchent-ils pas à rendre la nature telle qu'ils la voient, telle qu'ils la sentent et la comprennent? C'est là d'ordinaire, il est vrai, ce qu'on pourrait appeler une « anarchie aristocratique », ne revendiquant la liberté que pour le peuple choisi des Musagètes, que pour les gravisseurs du Parnasse. Chacun d'eux veut penser librement, chercher à son gré son idéal dans l'infini, mais tout en disant qu'il faut « une religion pour le peuple! » Il veut vivre en homme indépendant, mais « l'obéissance est faite pour les femmes »; il veut créer des œuvres originales, mais « la foule d'en bas » doit rester asservie comme une machine à l'ignoble fonctionnement de la division du travail! Toutefois ces aristocrates du goût et de la pensée n'ont plus la force de fermer la grande écluse par laquelle se déverse le flot. Si la science, la littérature et l'art sont devenus anarchistes, si tout progrès, toute nouvelle forme de la beauté sont dus à l'épanouissement de la pensée libre, cette pensée travaille aussi dans les profondeurs de la société et maintenant il n'est plus possible de la contenir. Il est trop tard pour arrêter le déluge.

La diminution du respect n'est-elle pas le phénomène par excellence de la société contemporaine? J'ai vu jadis en Angleterre des foules se ruer par milliers pour contempler l'équipage vide d'un grand seigneur. Je ne le verrais plus maintenant. En Inde, les parias s'arrêtaient dévotement aux cent quinze pas réglementaires qui les séparaient de l'orgueilleux brahmane : depuis que l'on se presse dans les gares, il n'y a plus entre eux que la paroi de clôture d'une salle d'attente. Les exemples de bassesse, de reptation vile ne manquent pas dans le monde, mais pourtant il y a progrès dans le sens de l'égalité. Avant de témoigner son respect, on se demande quelquefois si l'homme ou l'institution sont vraiment respectables. On étudie la valeur des individus, l'importance des œuvres. La foi dans la grandeur a disparu; or, là où la foi n'existe plus, les institutions disparaissent à leur tour. La suppression de l'Etat est naturellement impliquée dans l'extinction du respect.

L'œuvre de critique frondeuse à laquelle est soumis l'Etat s'exerce également contre toutes les institutions sociales. Le peuple ne croit plus, il ne croit absolument plus à l'origine sainte de la propriété privée, produite, nous disaient les économistes, — on n'ose plus le répéter maintenant, — par le travail personnel des propriétaires; il n'ignore point que le labeur individuel ne crée jamais des millions ajoutés à des millions, et que cet enrichissement monstrueux est toujours la conséquence d'un faux état social, attribuant à l'un le produit du travail de milliers d'autres; il respectera toujours le pain que le travailleur a durement gagné, la cabane qu'il a bâtie de ses mains, le jardin qu'il a planté, mais il perdra certainement le respect des mille propriétés fictives que représentent les papiers de toute espèce contenus dans les banques. Le jour viendra, je n'en doute point, où il reprendra tranquillement possession de tous les produits du labeur commun, mines et domaines, usines et châteaux, chemins de fer, navires et cargaisons.

Quand la multitude, cette multitude « vile » par son ignorance et la lâcheté qui en est la conséquence fatale, aura cessé de mériter le qualificatif dont on l'insulta, quand elle saura en toute certitude que l'accaparement de cet immense avoir repose uniquement sur une fiction chirographique, sur la foi en des paperasses bleues, l'état social actuel sera bien menacé! En présence de ces évolutions profondes, irrésistibles, qui se font dans toutes les cervelles humaines, combien niaises, combien dépourvues de sens paraîtront à nos descendants ces clameurs forcenées qu'on lance contre les novateurs! Qu'importent les mots orduriers déversés par une presse obligée de payer ses subsides en bonne prose, qu'importent même les insultes honnêtement proférées contre nous par ces dévotes « saintes, mais simples » qui portaient du bois au bûcher de Jean Huss! Le mouvement qui nous emporte n'est pas le fait de simples énergumènes ou de pauvres rêveurs, il est celui de la société dans son ensemble. Il est nécessité par la marche de la pensée, devenue maintenant fatale, inéluctable, comme le roulement de la terre et des cieux.

Pourtant un doute pourrait subsister dans les esprits si l'anarchie n'avait jamais été qu'un idéal, qu'un exercice intellectuel, un élément de dialectique, si jamais elle n'avait eu de réalisation concrète, si jamais un organisme spontané n'avait surgi, mettant en action les forces libres de camarades qui travaillent en commun, sans maître pour les commander. Mais ce doute peut être facilement écarté. Oui, des organismes libertaires ont existé de tout temps; oui, il s'en forme incessamment de nouveaux, et chaque année plus nombreux, suivant les progrès de l'initiative individuelle. Je pourrais citer en premier lieu diverses peuplades, dites sauvages, qui même de nos jours vivent en parfaite harmonie sociale sans avoir besoin de chefs, ni de lois, ni d'enclos, ni de force publique; mais je n'insiste pas sur ces exemples, qui ont pourtant leur importance : je craindrais qu'on ne m'objectât le peu de complexité de ces sociétés primitives, comparées à notre monde moderne, organisme immense où s'entremêlent tant d'autres organismes avec une complication infinie. Laissons donc de côté ces tribus primitives pour nous occuper seulement des nations déjà constituées, ayant tout un appareil politique et social.

Sans doute je ne pourrai vous en montrer aucune dans le cours de l'histoire qui se soit constituée en société purement anarchique, car toutes se trouvaient alors dans leur période de lutte entre des éléments divers non encore associés; mais ce qu'il sera facile de constater, c'est que chacune de ces sociétés partielles, quoique non fondues en un ensemble harmonique, fut d'autant plus prospère, d'autant plus créatrice qu'elle était plus libre, que la valeur personnelle de l'individu y était le mieux reconnue. Depuis les âges préhistoriques où nos sociétés naquirent aux arts, aux sciences, à l'industrie, sans que des annales écrites aient pu nous en apporter la mémoire, toutes les grandes périodes de la vie des nations ont été celles où les hommes, agités par les révolutions, eurent le moins à souffrir de la longue et pesante étreinte d'un gouvernement régulier. Les deux grandes périodes de l'humanité, par le mouvement des découvertes, par l'efflorescence de la pensée, par la beauté de l'art, furent des époques troublées, des âges de « périlleuse liberté ». L'ordre régnait dans l'immense empire des Mèdes et des Perses, mais rien de grand n'en sortit, tandis que la Grèce républicaine, sans cesse agitée, ébranlée par de continuelles secousses, a fait naître les initiateurs de tout ce que nous avons de haut et de noble dans la civilisation moderne : il nous est impossible de penser, d'élaborer une œuvre quelconque sans que notre esprit ne se reporte aussitôt vers ces Hellènes libres qui furent nos devanciers et qui sont encore nos modèles. Deux mille années plus tard, après des tyrannies, après des temps sombres d'oppression qui ne semblaient devoir jamais finir, l'Italie, les Flandres, l'Allemagne, toute l'Europe des communiers s'essaya de nouveau à reprendre haleine; des révolutions innombrables secouèrent le monde. Ferrari ne compta pas moins de sept mille secousses locales pour la seule Italie; mais aussi le feu de la pensée libre se mit à flamber et l'humanité à refleurir : avec les Raphaël, les Vinci, les Michel-Ange, elle se sentit jeune pour la deuxième fois.

Puis vint le grand siècle de l'Encyclopédie avec les révolutions mondiales qui s'ensuivirent et la proclamation des Droits de l'Homme. Or essayez, si vous le pouvez, d'énumérer tous les progrès qui se sont accomplis depuis cette grande secousse de l'humanité. On se demande vraiment si pendant ce dernier siècle ne s'est pas concentrée plus de la moitié de l'histoire. Le nombre des hommes s'est accru de plus d'un demi-milliard ; le commerce a plus que décuplé, l'industrie s'est comme transfigurée, et l'art de modifier les produits naturels s'est merveilleusement enrichi ; des sciences nouvelles ont fait leur apparition, et, quoi qu'on en dise, une troisième période de l'art a commencé; le socialisme conscient et mondial est né dans son ampleur. Au moins se sent-on vivre dans le siècle des grands problèmes et des grandes luttes. Remplacez par la pensée les cent années issues de la philosophie du dix-huitième siècle, remplacez-les par une période sans histoire où quatre cents millions de pacifiques Chinois eussent vécu sous la tutelle d'un « Père du peuple », d'un tribunal des rites et de mandarins munis de leurs diplômes. Loin de vivre avec élan, comme nous l'avons fait, nous nous serions graduellement rapprochés de l'inertie et de la mort. Si Galilée, encore tenu dans les prisons de l'Inquisition, ne put que murmurer sourdement : « Pourtant elle se meut ! » nous pouvons maintenant, grâce aux révolutions, grâce aux violences de la pensée libre, nous pouvons le crier sur les toits ou sur les places publiques : « Le monde se meut et il continuera de se mouvoir ! »

En dehors de ce grand mouvement qui transforme graduellement la société tout entière dans le sens de la pensée libre, de la morale libre, de l'action libre, c'est-à-dire de l'anarchie dans son essence, il existe aussi un travail d'expériences directes qui se manifeste par la fondation de colonies libertaires et communistes : ce sont autant de petites tentatives que l'on peut comparer aux expériences de laboratoire que font les chimistes et les ingénieurs. Ces essais de communes modèles ont toutes le défaut capital d'être faits en dehors des conditions ordinaires de la vie, c'est-à-dire loin des cités où se brassent les hommes, où surgissent les idées, où se renouvellent les intelligences. Et pourtant on peut citer nombre de ces entreprises qui ont pleinement réussi, entre autres celle de la « Jeune Icarie », transformation de la colonie de Cabet, fondée il y a bientôt un demi-siècle sur les principes d'un communisme autoritaire : de migration en migration, le groupe des communiers, devenu purement anarchiste, vit maintenant d'une existence modeste dans une campagne de l'Iowa, près de la rivière Desmoines.

Mais là où la pratique anarchiste triomphe, c'est dans le cours ordinaire de la vie, parmi les gens du populaire, qui certainement ne pourraient soutenir la terrible lutte de l'existence s'ils ne s'entr'aidaient spontanément, ignorant les différences et les rivalités des intérêts. Quand l'un d'entre eux tombe malade, d'autres pauvres prennent ses enfants chez eux : on le nourrit, on partage la maigre pitance de la semaine, on tâche de faire sa besogne, en doublant les heures. Entre les voisins une sorte de communisme s'établit par le prêt, le va-et-vient constant de tous les ustensiles de ménage et des provisions. La misère unit les malheureux en une ligue fraternelle : ensemble ils ont faim, ensemble ils se rassasient. La morale et la pratique anarchistes sont la règle même dans les réunions bourgeoises d'où, au premier abord, elles nous semblent complètement absentes. Que l'on s'imagine une fête de campagne où quelqu'un, soit l'hôte, soit l'un des invités, affecte des airs de maître, se permettant de commander ou de faire prévaloir indiscrètement son caprice ! N'est-ce pas la mort de toute joie, la fin de tout plaisir ? Il n'est de gaieté qu'entre égaux et libres, entre gens qui peuvent s'amuser comme il leur convient, par groupes distincts, si cela leur plaît, mais rapprochés les uns des autres et s'entremêlant à leur guise, parce que les heures passées ainsi leur semblent plus douces.

Ici je me permettrai de vous narrer un souvenir personnel. Nous voguions sur un de ces beaux navires modernes qui fendent les flots superbement avec la vitesse de 15 ou 20 nœuds à l'heure, et qui tracent une ligne droite de continent à continent, malgré vent et marée. L'air était calme, le soir était doux et les étoiles s'allumaient une à une dans le ciel noir. On causait sur la dunette, et de quoi pouvait-on causer si ce n'est de cette éternelle question sociale qui nous étreint, qui nous saisit à la gorge comme la sphynge d'Œdipe. Le réactionnaire du groupe était vivement pressé par ses interlocuteurs, tous plus ou moins socialistes. Il se retourna soudain vers le capitaine, le chef, le maître, espérant trouver en lui un défenseur né des bons principes : « Vous commandez ici! Votre pouvoir n'est-il pas sacré? Que deviendrait le navire s'il n'était dirigé par votre volonté constante? » — « Homme naïf que vous êtes, répondit le capitaine. Entre nous, je puis vous dire que d'ordinaire je ne sers absolument à rien. L'homme à la barre maintient le navire dans sa ligne droite; dans quelques minutes un autre pilote lui succédera, puis d'autres encore, et nous suivrons régulièrement, sans mon intervention, la route accoutumée. En bas, les chauffeurs et les mécaniciens travaillent sans mon aide, sans mon avis, et mieux que si je m'ingérais à leur donner conseil. Et tous ces gabiers, tous ces matelots savent aussi quelle besogne ils ont à faire, et, à l'occasion, je n'ai qu'à faire concorder ma petite part de travail avec la leur, plus pénible, quoique moins rétribuée que la mienne. Sans doute, je suis censé guider le navire. Mais ne voyez-vous pas que c'est là une simple fiction? Les cartes sont là, et ce n'est pas moi qui les ai dressées. La boussole nous dirige et ce n'est pas moi qui l'inventai. On a creusé pour nous le chenal du port d'où nous venons, celui du port dans lequel nous entrerons. Et le navire superbe, se plaignant à peine dans ses membrures sous la pression des vagues, se balançant avec majesté dans la houle, cinglant puissamment sous la vapeur, ce n'est pas moi qui l'ai construit. Que suis-je ici, en présence des grands morts, des inventeurs et des savants, nos devanciers, qui nous apprirent à traverser les mers? Nous sommes tous leurs associés, nous, et les matelots mes camarades, et vous aussi les passagers, car c'est pour vous que nous chevauchons les vagues, et, en cas de péril, nous comptons sur vous pour nous aider fraternellement. Notre œuvre est commune, et nous sommes solidaires les uns des autres! » Tous se turent et je recueillis précieusement dans le trésor de ma mémoire les paroles de ce capitaine comme on n'en voit guère.

Ainsi ce navire, ce monde flottant où, d'ailleurs, les punitions sont inconnues, porte une république modèle à travers l'Océan, malgré les chinoiseries hiérarchiques. Et ce n'est point là un exemple isolé. Chacun de vous connaît, du moins par ouï-dire, des écoles où le professeur, en dépit des sévérités du règlement, toujours inappliquées, a tous les élèves pour amis et pour collaborateurs heureux. Tout est prévu par l'autorité compétente pour mater les petits scélérats, mais leur grand ami n'a pas besoin de tout cet attirail de répression; il traite les enfants comme des hommes, faisant constamment appel à leur bonne volonté, à leur compréhension des choses, à leur sens de la justice, et tous répondent avec joie. Une minuscule société anarchique, vraiment humaine, se trouve ainsi constituée, quoique tout semble ligué dans le monde ambiant pour en empêcher l'éclosion : lois, règlements, mauvais exemples, immoralité publique.

Des groupes anarchistes surgissent donc sans cesse, malgré les vieux préjugés et le poids mort des mœurs anciennes. Notre monde nouveau pointe autour de nous, comme germerait une flore nouvelle sous le détritus des âges. Non seulement il n'est pas chimérique, comme on le répète sans cesse, mais il se montre déjà sous mille formes; aveugle est l'homme qui ne sait pas l'observer. En revanche, s'il est une société chimérique, impossible, c'est bien le pandémonium dans lequel nous vivons. Vous me rendrez cette justice que je n'ai pas abusé de la critique, pourtant si facile, à l'égard du monde actuel, tel que l'ont constitué le soi-disant principe d'autorité et la lutte féroce pour l'existence. Mais enfin, s'il est vrai que, d'après la définition même, une société est un groupement d'individus qui se rapprochent et se concertent pour le bien-être commun, on ne peut dire sans absurdité que la masse chaotique ambiante constitue une société. D'après ses avocats, — car toute mauvaise cause a les siens, — elle aurait pour but l'ordre parfait par la satisfaction des intérêts de tous. Or n'est-ce pas une risée que de voir une société ordonnée dans ce monde de la civilisation européenne, avec la suite continue de ses drames intestins, meurtres et suicides, violences et fusillades, dépérissements et famines, vols, dols et tromperies de toute espèce, faillites, effondrements et ruines. Qui de nous, en sortant d'ici, ne verra se dresser à côté de lui les spectres du vice et de la faim? Dans notre Europe, il y a cinq millions d'hommes n'attendant qu'un signe pour tuer d'autres hommes, pour brûler les maisons et les récoltes; dix autres millions d'hommes en réserve hors des casernes sont tenus dans la pensée d'avoir à accomplir la même œuvre de destruction; cinq millions de malheureux vivent ou du moins végètent dans les prisons, condamnés à des peines diverses, dix millions meurent par an de morts anticipées, et sur 370 millions d'hommes, 350, pour ne pas dire tous, frémissent dans l'inquiétude justifiée du lendemain : malgré l'immensité des richesses sociales, qui de nous peut affirmer qu'un revirement brusque du sort ne lui enlèvera pas son avoir? Ce sont là des faits que nul ne peut contester, et qui devraient, ce me semble, nous inspirer à tous la ferme résolution de changer cet état de choses, gros de révolutions incessantes.

J'avais un jour l'occasion de m'entretenir avec un haut fonctionnaire, entraîné par la routine de la vie dans le monde de ceux qui édictent des lois et des peines : « Mais défendez donc votre société! lui disais-je. — Comment voulez-vous que je la défende, me répondit-il, elle n'est pas défendable! » Elle se défend pourtant, mais par des arguments qui ne sont pas des raisons, par la schlague, le cachot et l'échafaud.

D'autre part, ceux qui l'attaquent peuvent le faire dans toute la sérénité de leur conscience. Sans doute le mouvement de transformation entraînera des violences et des révolutions, mais déjà le monde ambiant est-il autre chose que violence continue et révolution permanente? Et dans les alternatives de la guerre sociale, quels seront les hommes responsables? Ceux qui proclament une ère de justice et d'égalité pour tous, sans distinction de classes ni d'individus, ou ceux qui veulent maintenir les séparations et par conséquent les haines de castes, ceux qui ajoutent lois répressives à lois répressives, et qui ne savent résoudre les questions que par l'infanterie, la cavalerie, l'artillerie! L'histoire nous permet d'affirmer en toute certitude que la politique de haine engendre toujours la haine, aggravant fatalement la situation générale, ou même entraînant une ruine définitive. Que de nations périrent ainsi, oppresseurs aussi bien qu'opprimés! Périrons-nous à notre tour?

J'espère que non, grâce à la pensée anarchiste qui se fait jour de plus en plus, renouvelant l'initiative humaine. Vous-mêmes n'êtes-vous pas, sinon anarchistes, du moins fortement nuancés d'anarchisme? Qui de vous, dans son âme et conscience, se dira le supérieur de son voisin, et ne reconnaîtra pas en lui son frère et son égal? La morale qui fut tant de fois proclamée ici en paroles plus ou moins symboliques deviendra certainement une réalité. Car nous, anarchistes, nous savons que cette morale de justice parfaite, de liberté et d'égalité, est bien la vraie, et nous la vivons de tout cœur, tandis que nos adversaires sont incertains. Ils ne sont pas sûrs d'avoir raison; au fond, ils sont même convaincus d'être dans leur tort, et, d'avance, ils nous livrent le monde.

Paris. — Imprimerie Ch. Blot, rue Bleue, 7.

LES TEMPS NOUVEAUX

Paraissant tous les 8 jours avec un Supplément littéraire

Administration : 140, rue Mouffetard

Prix : 10 centimes le numéro

ABONNEMENTS

FRANCE : Un an, 6 fr. — EXTÉRIEUR, 8 fr.

En vente aux *Temps Nouveaux* :

L'anarchie dans l'évolution socialiste	» 10
Esprit de révolte	» 10
Dieu et l'Etat, *de Bakounine*	» 60
La Grande Révolution, *par Kropotkine*	» 10
Défense d'Etiévant	» 10
Les Temps nouveaux, *par Kropotkine*	» 25
Un siècle d'attente. —	» 10
L'agriculture —	» 10
Patrie et Internationalisme, *par A. Hamon*	» 10
La société au lendemain de la révolution, *par J. Grave*	» 60
L'ordre par l'anarchie, *par D. Saurin*	» 25
Aux Jeunes Gens, *par Kropotkine*	» 10
L'Internationale, *par Malon*	» 25
La Conquête du pain, *par Kropotkine,* **franco**	2 75
Œuvres *de Bakounine,* **franco**	2 75
Psychologie de l'anarchiste socialiste, *par A. Hamon,* **franco**	2 75
Psychologie du militaire professionnel, *par A. Hamon,* **franco**	2 75
Les paroles d'un révolté, *par Kropotkine,* **franco**	1 25
De la Commune à l'anarchie, *par Malato,* **franco**	2 75
Révolution sociale et révolution chrétienne, *par Malato,* **franco**	2 75
La Douleur universelle, *par S. Faure,* **franco**	2 75
La Société future, *par J. Grave,* **franco**	2 75
Les Primitifs, *par Elie Reclus*	2 75
Similitudes, *de A. Retté*	2 75
De Mazas à Jérusalem, *par Zo d'Axa*	3 »
Le Primitif de l'Australie, *par E. Reclus,* **franco**	2 75
Correspondance de Bakouine, franco	2 75
La Forêt bruissante, *par A. Retté,* **franco**	2 75
Mémoire de la Fédération Jurassienne	3 »
Les Temps Nouveaux, *1re année*	7 »
L'Incendiaire, *lithographie de M. Luce*	1 15
La Révolte, *collection complète* (il n'en reste plus que 4)	150 »

Tous ces ouvrages sont vendus 0 fr. 25 de moins pris dans nos bureaux.

PARIS. — IMP. CH. BLOT, 7, RUE BLEUE.

www.ingramcontent.com/pod-product-compliance
Ingram Content Group UK Ltd.
Pitfield, Milton Keynes, MK11 3LW, UK
UKHW020411250726
13967UKWH00006B/2582

9 782011 941725